NATIONAL GEOGRAPHIC

Peldaños

SÚPER
ESTRUCTURAS

Las maravil

La Gran Pirámide está en Giza, Egipto. La base de la Gran Pirámide ocuparía siete cuadras de una ciudad en la actualidad.

Machu Picchu está en las montañas de Perú. La mayoría de sus piedras de construcción eran de granito pesado. Son extremadamente difíciles de cortar, aún con la tecnología actual.

por Barbara Keeler

Imagina que construyes una muralla larga y curva. La muralla se extendería a través de los Estados Unidos, desde Nueva York hasta Seattle. O piensa en mover bloques de piedra del tamaño de habitaciones pequeñas. Ahora imagina que construyes esa muralla sin máquinas modernas. En la antigüedad, las personas aprendieron a hacerlo.

as del mundo

Angkor Wat es un templo en los bosques de Camboya. Su imagen aparece en la bandera de la nación en la actualidad.

La Gran Muralla China abarca todo el país. Las obras de la Gran Muralla comenzaron en 600 a. C., aproximadamente, y no terminaron hasta 1600 d. C.

En la antigüedad se construyeron estructuras gigantes y bellas sin herramientas ni tecnología. Muchas de estas estructuras bien construidas todavía están en pie en la actualidad. ¿Cómo se construyeron? ¿Por qué se construyeron? Algunos las llaman "maravillas del mundo antiguo". Miremos cuatro de ellas.

LA GRAN PIRÁMIDE

Imagina un grupo de trabajadores antiguos observando la cima de la Gran Pirámide, la más grande de las tres pirámides de la foto. Esta pirámide tiene una base cuadrangular y lados triangulares, y es casi tan alta como un edificio de 50 pisos. Los trabajadores planean llevar una piedra enorme a la cima. Pero esta piedra angular es pesada. Tiene una **masa** de aproximadamente 2.3 toneladas métricas (2.5 toneladas). ¡Eso es casi la misma masa de un camión mediano!

Las paredes de la pirámide se construyeron con piedra caliza. Esta piedra es más fácil de cortar que otros tipos de roca. Los trabajadores usaron cinceles de metal para cortar bloques de piedra caliza. La piedra angular puntiaguda estaba hecha de una piedra muy dura, como el granito. Los trabajadores usaron otra roca dura, llamada dolerita, para cortar el granito. Hicieron ranuras en el granito. Luego colocaron estacas de madera en las ranuras y llenaron las ranuras con agua. La madera se hinchó y rompió el granito.

Una cobertura de piedra caliza pulida le dio a las pirámides una apariencia brillante. Las piedras de recubrimiento se quitaron hace unos 600 años. Los egipcios las usaron para construir nuevas estructuras.

La piedra caliza y el granito se debieron llevar de las minas a las obras de construcción. La mina de piedra caliza solo estaba a 20 kilómetros (12 millas). ¡Las minas de granito estaban a 900 kilómetros (560 millas)! Los bloques de granito se llevaron en barco por el río Nilo. Luego, los trabajadores usaron rieles y cuerdas para llevar los bloques hasta la obra. Usaron cuerdas y rampas para subirlos por los lados de la pirámide.

¿Por qué construían una estructura tan enorme? Para hacer una tumba. Un faraón, o gobernante egipcio, comenzó a construir su tumba apenas llegó al poder. El cuerpo momificado del faraón se enterró en la pirámide junto con las cosas que los egipcios creían que su espíritu necesitaba en el más allá.

147 m (480 pies)

- Los trabajadores cargaron más de 2 millones de bloques de piedra.
- Algunos bloques pesaban hasta 45 toneladas métricas (50 toneladas).
- Cuando era nueva, la Gran Pirámide del Rey Khufu se elevaba 147 metros (480 pies) de alto.

Gran Muralla China

Si la Gran Muralla China se extendiera en línea recta, ¡cubriría casi la mitad del mundo! Construir esta muralla tomó más de 2,000 años. Los emperadores pidieron que se construyera como protección de los invasores del Norte.

La muralla completa no se construyó desde cero. Partes de la muralla conectaron barreras y fuertes que ya estaban en su lugar. Los constructores usaron materiales locales como la tierra, la piedra y ladrillos. La piedra era el mejor material para construir una muralla que fuera resistente y segura.

- La Gran Muralla, que se aprecia en verde, está hecha de muchas secciones.
- Zanjas, ríos y colinas empinadas constituyen partes de la muralla.
- La muralla protegía la cultura china de la influencia externa.

La parte de la muralla en la fotografía mide entre 5 y 9 metros (15 y 30 pies) de alto y entre 5 y 8 metros (15 y 25 pies) de ancho. Las torres que se elevan cada tanto se usaban para vigilar y enviar señales. Soldados con arcos y flechas estaban siempre alertas. La parte superior de la Gran Muralla China se usaba como camino. Los mensajeros y los soldados se podían desplazar rápidamente por este sendero uniforme en la campiña accidentada. En algunos lugares, el camino era suficientemente ancho para que caminaran cinco caballos, uno junto a otro.

Aproximadamente cada un kilómetro (media milla) había una atalaya en esta sección de la muralla.

- Machu Picchu se construyó durante comienzos del siglo XV.
- Entre 750 y 1,000 personas pueden haber vivido en la ciudad.
- Cuando se construyó, la ciudad debió haber brillado de color blanco en la verde jungla.

Terrazas o diseños de escalones evitaban que el suelo se erosionara.

MACHU PICCHU

Algunas maravillas del mundo son un misterio. Uno de estos lugares es Machu Picchu. Es una ciudad a unos 2,500 metros (8,000 pies) sobre el nivel del mar en la cordillera de los Andes, en Perú. La ciudad tenía unos 140 edificios que se construyeron sin hierro, acero o ruedas. ¿Por qué se construyó esta ciudad? ¿Cómo se usaba? Los incas no tenían un lenguaje escrito, así que no tenemos estas respuestas. Machu Picchu se ubica en una meseta de granito, un lugar llano en las montañas. Desde allí, los incas podían observar el valle de Urubamba. Pero Machu Picchu estaba oculto. Cualquiera que viniera por el valle no podía ver a las personas allí arriba.

Los incas hicieron ladrillos con el granito blanco de la montaña. Encajaron los ladrillos sin usar argamasa para unirlos. Los ladrillos encajan tan ajustados que la hoja de un cuchillo no pasa entre ellos. ¿Cómo lo hicieron? Los constructores probablemente pusieron cuñas de madera húmeda en agujeros que hicieron en la roca. Esperaron que el agua se congelara. El hielo tiene mayor **volumen** que el agua. Entonces, cuando el agua se congelaba, la roca se partía. Los constructores alisaron los ladrillos para que encajaran ajustadamente.

Los constructores también hicieron muros, terrazas y rampas. Esto los ayudaba a preservar el suelo, conservar el agua y cultivar. Algunos sistemas de irrigación originales todavía funcionan.

Angkor Wat

Otra maravilla del mundo se encuentra en las profundidades de los bosques de la provincia camboyana de Siem Reap. La enorme ciudad de Angkor antiguamente prosperó aquí, del siglo IX al XV. Angkor antiguamente cubría unos 1,000 kilómetros cuadrados (400 millas cuadradas), lo que hacía que fuera casi tan grande como la ciudad de Los Ángeles.

¿Qué es un wat? *Wat* es una palabra khmer que significa "templo" o "escuela". El colosal Angkor Wat es el templo más famoso en toda Camboya. Se construyó entre 1113 y 1150 d. C. para honrar al dios hindú Vishnu.

Esta fotografía muestra solo una parte del templo.

TAILANDIA
Bangkok
Templos de Angkor
CAMBOYA
Phnom Penh
Mekong

300 Millas
300 Kilómetros

- Angkor tenía un enorme sistema de canales artificiales, diques y embalses.
- El templo estaba protegido por un foso de 6.4 kilómetros (4 millas).
- El sistema hídrico proporcionaba agua para cultivar arroz, el dinero de Angkor.

Los trabajadores usaron materiales de su entorno para construir la ciudad y sus templos. Muchos edificios se tallaron en piedra caliza blanda. Pero esta área de Camboya recibe lluvias torrenciales. Las lluvias hicieron que muchos de estos edificios se desmoronaran. Los constructores también cortaron bloques de laterita, una capa de suelo esponjosa. Cuando los bloques se secaban, las piedras duras se colocaban sin argamasa. Los bloques de laterita eran más resistentes que los que se hacían con piedra caliza. Los constructores también usaron madera del bosque para hacer casas. Las casas estaban construidas en montículos para protegerlas de las inundaciones.

Originalmente, las torres de Angkor Wat pudieron haber estado recubiertas con oro.

Compruébalo ¿Cómo aprovecharon los constructores el área local para construir estas maravillas?

¡Muy alto!

por Jennifer K. Cocson

Una ciudad con poco terreno no tiene dónde construir sino es hacia arriba. Las ciudades, de hecho, crecen con rascacielos que se elevan cada vez más alto. En los últimos 100 años los ingenieros han estado resolviendo grandes problemas para seguir yendo hacia arriba.

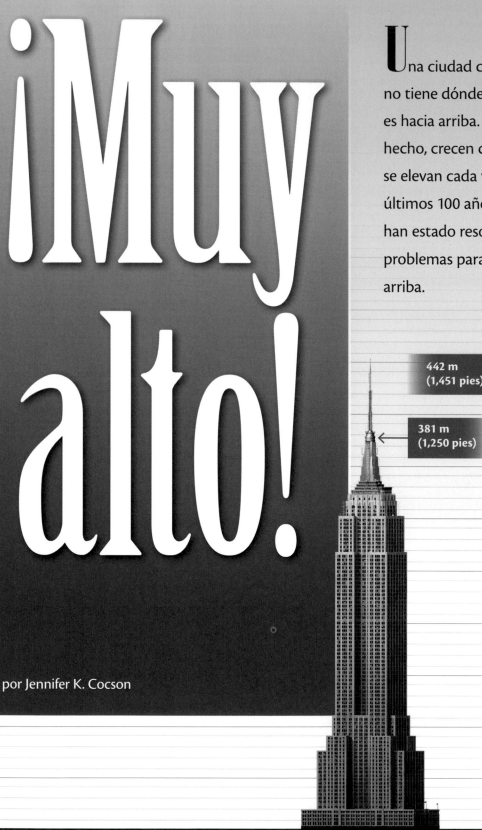

442 m
(1,451 pies)

381 m
(1,250 pies)

EMPIRE
STATE

Nueva York,
Estados Unidos

TORRE
WILLIS

Chicago,
Estados Unidos

Algunos de estos problemas son el peso, las ventanas y el viento. Nuevos materiales de construcción con las **propiedades** de resistencia y flexibilidad permiten a los ingenieros diseñar de nuevas maneras. Estos diseños distribuyen el peso de los materiales para permitir que tengan ventanas grandes. Conforme los rascacielos se hacen más altos, los vientos los empujan más fuerte. Cuanto más alto es un rascacielos, más resistente debe ser.

Otro problema es la altura. Algo se debía inventar para llegar a la cima. ¡La solución fue el elevador!

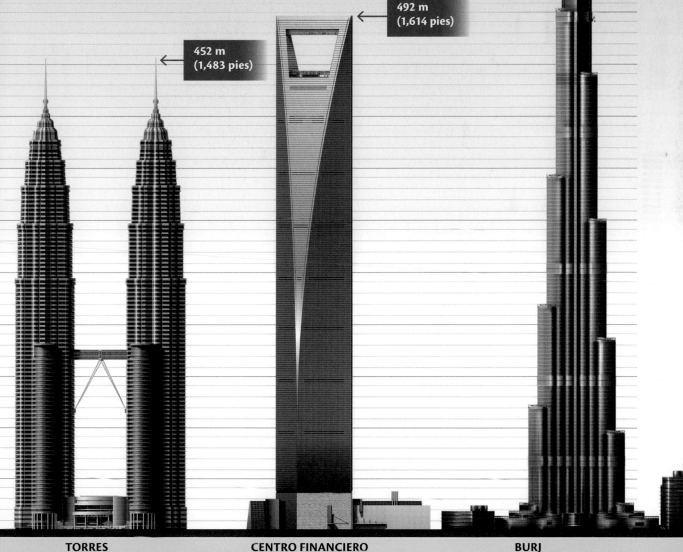

828 m
(2,717 pies)

492 m
(1,614 pies)

452 m
(1,483 pies)

**TORRES
PETRONAS**

Kuala Lumpur,
Malasia

**CENTRO FINANCIERO
INTERNACIONAL DE SHANGHÁI**

Shanghái,
China

**BURJ
KHALIFA**

Dubai,
Emiratos Árabes Unidos

Torres Petronas

Un edificio alto necesita un apoyo resistente. ¿Qué tal unas 33,500 toneladas métricas (36,900 toneladas) de acero? Esa cantidad de acero pesa más que 3,000 elefantes.

3,000

La columna de hormigón en el centro de cada torre es tan grande como un cuadrado formado por ocho autobuses escolares.

No, ¡no ves doble! Las Torres Petronas son las torres gemelas más altas del mundo. Cada torre tiene 88 pisos y una alta aguja. Elevadores dobles dejan a los pasajeros en pisos pares e impares al mismo tiempo.

Casi a la mitad, las torres están conectadas por un puente elevado. Puedes pensar que una tormenta de viento podría dañar el puente, pero los ingenieros pensaron en eso. Cuando hay vientos fuertes, el puente puede plegarse dentro de una de las torres. ¡Bien pensado!

En conjunto, las torres tienen 32,000 ventanas. A los que limpian las ventanas les toma todo un mes lavar cada torre. Unos parasoles ayudan a bloquear parte de la brillante luz solar.

Centro financiero internacional de Shanghái

La abertura en la cima de este edificio resuelve un problema. Permite que el viento pase a través del edificio en lugar de empujarlo. Y aún hay otra sorpresa en la cima. ¡Sobre la abertura está el mirador más alto del mundo!

Hay *mucho* espacio para tiendas y oficinas: más de 372,000 metros cuadrados (4,000,000 pies cuadrados). Eso es más de 27 canchas de fútbol americano.

27

El Centro financiero internacional de Shanghái comenzó con 94 pisos. Los constructores querían que se elevara para ser más alto que otro rascacielos que se estaban construyendo. Los cimientos no eran suficientemente resistentes para eso, así que se "quedaron" en 101 pisos.

El edificio tiene más de 10,000 ventanas que están diseñadas para resistir terremotos, tifones y los fuertes rayos del sol. Un sellador especial mantiene las ventanas en su lugar.

El edificio parece un destapador de botellas gigante. ¡Se pueden comprar destapadores de botellas con la forma del edificio!

La forma del edificio es importante. Está diseñado para resistir un terremoto. Tiene una columna cuadrangular gigante en la base, y luego los lados se afilan hasta casi unirse en un rectángulo angosto en la cima.

Burj Khalifa

Muchos rascacielos solo tienen oficinas, pero en el Burj Khalifa viven personas. Este edificio no tiene tanto espacio en sus pisos como el Centro financiero internacional de Shanghái. Eso se debe, en parte, a que el Burj Khalifa se angosta a medida que se hace más alto. Esto lo ayuda a resistir los vientos. Los constructores estudiaron los planos y decidieron inclinar ligeramente el edificio para disminuir el efecto de los vientos.

Imagina una torre angosta que se eleva más de 850 metros (media milla) en el cielo. Burj Khalifa (Torre Khalifa) es el doble de alta que el Empire State. Tiene 163 pisos sobre el suelo y una aguja que puede verse desde 95 kilómetros (60 millas) de distancia.

En el edificio se recicla el agua de lluvia. Cuando el vapor de agua de los aires acondicionados se convierte en líquido, se recolecta y se usa para regar los jardines. Imagina 20 piscinas de tamaño olímpico. Esa es la cantidad de agua que se recicla por año.

Como el Burj Khalifa está en un clima cálido, el exterior del edificio está cubierto con un barniz. Esto mantiene fresco el interior del edificio.

El Burj Khalifa tiene 57 elevadores, uno con el recorrido de mayor distancia del mundo.

57

Compruébalo Compara las maneras en que las Torres Petronas, el Centro financiero internacional de Shanghái y el Burj Khalifa están diseñados para evitar el daño del viento.

¡MUY pequeño!

por Judy Elgin Jensen

En todo el mundo, muchas personas viven en casas diminutas que tienen unos 11 metros cuadrados (120 pies cuadrados). Lo llaman "vida pequeña". Es una manera de proteger el medio ambiente y ahorrar **recursos.** Las casas más pequeñas ocupan menos espacio y se construyen con menos materiales. Y cuesta menos calefaccionarlas, enfriarlas, limpiarlas y mantenerlas.

Esta puerta delantera lleva a una habitación grande cubierta por una buhardilla.

Estas casas diminutas se inspiraron en la estructura de una cartelera. Se pueden ubicar en cualquier lugar. Conforme la población de la Tierra crece, quizá veas que estas casas aparecen en forma inesperada en lugares poco comunes.

Esta casa en un árbol está en un parque privado. Ventanas grandes permiten que el sol del invierno entre en la casa y la calefaccione. En el verano, los árboles frondosos bloquean el sol. De ese modo, el interior está sombreado y fresco.

Una casa prefabricada se construye en otro lugar y se lleva al terreno casi completa. Esto permite una construcción más rápida y que se compartan recursos entre muchas casas. Además, llevar una casa prefabricada a un lugar costero causa menos daño a la playa que construir en el terreno.

Compruébalo   ¿Cómo puede una casa diminuta ser una buena opción para el medio ambiente?

GÉNERO Artículo de ingeniería

Lee para descubrir cómo los ingenieros resuelven los desafíos de la construcción en la actualidad.

HAZAÑAS DE LA INGENIERÍA

por Judy Elgin Jensen

A fines del siglo XIX, los barcos que navegaban de Nueva York a San Francisco tenían que dar toda la vuelva por el extremo de Sudamérica. Era un viaje largo y peligroso. La mercancía tardaba más tiempo en llegar a destino, lo que hacía que fuera más caro comprarla. Los ingenieros debían encontrar una ruta más corta.

LA CONSTRUCCIÓN DEL CANAL DE PANAMÁ

El atajo era el Canal de Panamá. Los trabajadores usaron taladros para roca, dinamita y palas a vapor para excavar este canal a través del **istmo,** o parte más angosta, de Panamá. Este fue un trabajo difícil en una selva calurosa y húmeda.

MODERNA

El suelo y la roca a veces se deslizaban por las laderas. Las lluvias torrenciales hicieron que un río cerca del canal se inundara. Por lo tanto, los constructores decidieron represar el agua y formar un lago artificial. Esto controló gran parte de la inundación.

Finalmente, en 1914, el primer barco atravesó el canal. Un viaje que solía tomar dos semanas ahora tomaba unas diez horas. Los barcos pasaban por esclusas o compuertas que se abren y cierran. Dentro de las esclusas, los niveles del agua elevan o bajan un barco.

En 1904, los ingenieros y los constructores tenían tecnologías tales como maquinaria pesada.

EXPANSIÓN DEL CANAL DE PANAMÁ

El Canal de Panamá fue una enorme hazaña. Barcos de todo el mundo lo usaron, lo que impulsó el comercio en muchos países. En la década de 2000, 14,000 barcos por año llevaban cargamentos a través del Canal de Panamá. Pero el canal no se construyó para lidiar con mucho tráfico. Las congestiones hacían perder tiempo y dinero. Otro problema era que los barcos eran mucho más grandes en ese momento que cuando se construyó el canal. Los barcos modernos eran demasiado grandes para las esclusas. Algo debía hacerse.

El canal es demasiado pequeño para alojar barcos de carga modernos.
Esta expansión resolverá el problema.

En octubre de 2006, el pueblo de Panamá votó para expandir el canal. La inauguración está planeada para 2014. Eso será cien años después de que el canal se inauguró. Pero lo ingenieros tuvieron que resolver algunos problemas. El mayor desafío era ahorrar agua. Muchas personas obtienen su agua potable del área que rodea al canal. Se requieren más de 7.6 mil millones de litros (2 mil millones de galones) de agua por día para llenar las esclusas en su estado actual. Esclusas más grandes podrían duplicar eso. Los ingenieros hallaron una manera de capturar y reutilizar el 60 por ciento del agua que se vacía de las esclusas.

Permitir que pasen barcos más grandes y más tráfico por el Canal de Panamá impulsará el comercio en todo el mundo. El peaje que pagan los barcos traerá dinero al pueblo de Panamá.

VIADUCTO MILLAU DE FRANCIA

El puente más alto del mundo es el viaducto de Millau en Francia, donde los carros pasan a 250 metros (820 pies) sobre el valle del Tarn. Torres altas sustentan cables que sostienen el puente. ¡En su punto más alto es más alto que la Torre Eiffel!

El viaducto Millau es parte de un sistema de caminos que conecta París, Francia, y Barcelona, España. Antes de que se construyera el puente, la gente debía conducir en caminos serpenteantes que subían y bajaban por el valle. Era un trayecto lento y había muchos embotellamientos. En la actualidad, el puente reduce hasta en cuatro horas el tiempo de viaje a través del sur de Francia.

Hubo diferentes ideas sobre cómo cruzar el valle, pero la idea del "camino alto" fue la que más gustó. El trabajo empezó y progresó rápidamente. El puente debía ser seguro y resistente, con cualquier condición meteorológica. Cables de acero estirados anclan el piso del puente mientras que un revestimiento de cera y plástico protege los cables del óxido. Burletes evitan que el agua pase por los cables, lo que impide vibraciones peligrosas durante los vientos fuertes.

La mayor parte de los 2,460 metros (8,070 pies) de piso de autopista se construyó al nivel del suelo. Esto fue más seguro para los trabajadores.

VENECIA BAJO EL AGUA

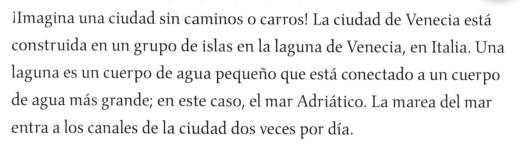

¡Imagina una ciudad sin caminos o carros! La ciudad de Venecia está construida en un grupo de islas en la laguna de Venecia, en Italia. Una laguna es un cuerpo de agua pequeño que está conectado a un cuerpo de agua más grande; en este caso, el mar Adriático. La marea del mar entra a los canales de la ciudad dos veces por día.

Los venecianos usan los canales y los puentes para trasladarse por la ciudad. Andan en barcos en lugar de carros. Hay una industria pesquera grande en Venecia. Esta ciudad antigua es conocida por su arte, arquitectura y la cultura italiana. Su economía depende de los turistas, y estos vienen de todo el mundo.

EL PROBLEMA

La tierra debajo de Venecia se está hundiendo, y las aguas del mar Adriático están elevándose. Las casas, los negocios, los palacios y las iglesias se han inundado varias veces por año. El arte y la arquitectura antigua están en riesgo. Lo mismo sucede con las casas y los negocios. Lo mismo pasa con la economía.

EL PROYECTO MOSE DE VENECIA

LA SOLUCIÓN Los habitantes están desesperados por salvar Venecia. A los ingenieros se les ha ocurrido un plan llamado Proyecto MOSE. El plan nunca antes se ha probado, y todo el mundo está atento para ver si funciona.

El plan es colocar 78 compuertas huecas gigantes de acero en tres ensenadas. Las ensenadas son donde el agua de marea del Adriático entra a la laguna. La idea es elevar las compuertas en la marea alta para evitar que el agua inunde la ciudad.

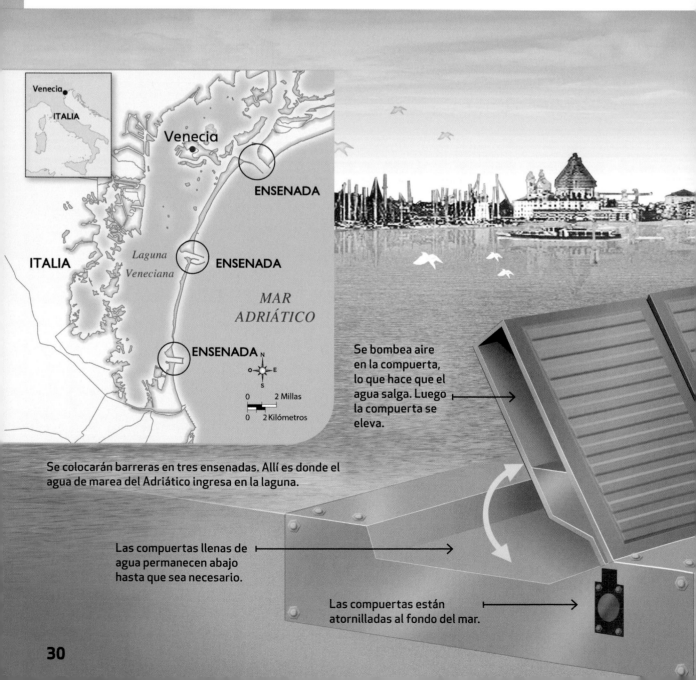

Venecia

ITALIA

Venecia

ENSENADA

ITALIA

Laguna
Veneciana

ENSENADA

MAR
ADRIÁTICO

ENSENADA

N
O · E
S

0   2 Millas
0   2 Kilómetros

Se bombea aire en la compuerta, lo que hace que el agua salga. Luego la compuerta se eleva.

Se colocarán barreras en tres ensenadas. Allí es donde el agua de marea del Adriático ingresa en la laguna.

Las compuertas llenas de agua permanecen abajo hasta que sea necesario.

Las compuertas están atornilladas al fondo del mar.

No todos creen que esta es una buena idea. Las mareas entran en los canales dos veces por día. Si las mareas no ingresan, se puede generar un problema de drenaje. Esto podría perjudicar a los peces y a la gente. Los que apoyan el plan creen que se producirá muy poca contaminación cuando se eleven las compuertas. Predicen que las mareas restaurarán la laguna y los canales una vez que se bajen las compuertas.

¿El Proyecto MOSE funcionará? Los ingenieros no lo sabrán hasta que lo prueben. Las soluciones como el Canal de Panamá han resuelto problemas de transporte. Se espera que el Proyecto MOSE resuelva el problema de las inundaciones en Venecia.

Las compuertas se pueden mover de manera independiente para que las olas fuertes no las dañen.

Compruébalo ¿Cómo resolvieron problemas los ingenieros en el Canal de Panamá, el viaducto de Millau y en Venecia?

Comenta

1. Indica algunas de las maneras en que crees que se relacionan las cuatro lecturas de este libro.

2. "Las maravillas del mundo" describe antiguas hazañas de ingeniería. Nombra un problema al que los constructores se enfrentaron cuando construyeron cada estructura y cómo lo resolvieron.

3. Compara las maneras en que las estructuras de "¡Muy alto!" resolvieron el problema del daño del viento.

4. ¿Qué propiedades físicas de la geografía descritas en "Hazañas de la ingeniería moderna" se tuvieron que superar? ¿Cuál te parece el mayor desafío? ¿Por qué?

5. ¿Qué te sigues preguntando sobre cómo la gente realmente vive en casas diminutas como las de "¡Muy pequeño!"? ¿Vivirías en una casa así?